EDITION BEULENSPIEGEL

Dieter Kalka

BEULENSPIEGELS
SIEBEN STREICHE
VOR SONNENUNTERGANG

Gesammelter Unsinn

Dreiunddreißig Beulenspiegeliaden,
ein Chanson
und
drei Zugaben

EDITION BEULENSPIEGEL

im

ANDRE BUCH VERLAG

Bibliografische Information der Deutschen Nationalbibliothek
Die Deutsche Nationalbibliothek verzeichnet diese Publikation in der Deut-
schen Nationalbibliografie; detaillierte bibliografische Daten sind im Internet
über **http://dnb.d-nb.de** abrufbar.

1. Auflage 2017
Ab- & AufSatz: Andreas H. Buchwald & Graf Otto von Keulenspiegel
CoRektorat: Hubertus Schmidt & Longa Tomba Boldra
Druckfehlerteufelchen: Clara Heulenspiegel
Zensur: Oberrat Dr. geheim Karlklaus Höpfke senior
Cover & Lover vom Dienst: Winfried Scheunenspiegel
Mittelzeichnung: „Fingerlicker", Akram Mutlak, Ehrendromedar

Druck und Bindung: Bookpress Olsztyn
Website des Verlages: *http://www.andrebuchverlag.de*
Website des Autors: *http://www.logopaedie-connewitz.de/kalka*
Website des Grafikers: *http://akrammutlak.de*
Viele der Beulenspiegeliaden sind als Lyriksendungen zu finden
auf der *Allgäeuer Milchschleuder – Poesie&FeatureFunk*

Printed in Poland
ISBN 978-3-942469-42-5

Inhalt

DREI ZUGABEN

Beulenspiegels Aufgesang

Sein Name: Andreas Beulenspiegel.
Er trägt eine Narrenkappe
mit einem goldenen Siegel.
Das Siegel ist aus Pappe.

Sein Name: Andreas Beulenspiegel.
Der Helm für ihn war zu klein.
Er robbte bis zum dritten Hügel,
dann ging er wieder heim.

Sein Name: Andreas Beulenspiegel.
Sein Auftrag ist streng geheim.
Mit Sender im Brillenbügel
morst er kyrillisch beim Moselwein.

Sein Name: Andreas Beulenspiegel.
Er kocht jetzt bei RTL
kannibalisch. Es spritzt im Tiegel.
Er brät sein eigenes Fell.

Sein Name: Andreas Beulenspiegel,
macht Urlaub in Guantánamo.
Er kaut schon am sechzigsten Ziegel.
Das Loch in der Wand macht ihn froh.

Sein Name: Andreas Beulenspiegel.
Seine Witze schreibt er auf Kredit
vom Sensenmann, den ham's am Wickel.
Die Deutsche Bank zahlt's zurück.

Sein Name: Andreas Beulenspiegel.
Er muss eine Tasche verschicken.
Auf den Bäumen draußen singen die Vögel.
In der Tasche hört man es ticken.

1985/2006

Beulenspiegels sieben Streiche
vor Sonnenuntergang

I
Beulenspiegel sah seinen Kaderleiter Striptease tanzen

II
Beulenspiegel verkippte über dem Oberstleutnant eine Tasse
Hühnerbrühe

III
Beulenspiegel als Fahrkartenkontrolleur: Er erstattet
                                        den Schwarzfahrern
das Fahrgeld zurück

IV
Beulenspiegel verprügelt einen Aktionskünstler
und nennt das die einzig noch mögliche Aktion

V
Beulenspiegel am FKK-Strand: Fotografiert
sich selbst

VI
Beulenspiegel sammelt Todesanzeigen

VII
auf seinen Namen

Beulenspiegel auf der Alm

I
Beulenspiegel hütet Herden auf Enzianwiesen

II
Er melkt nur einzitzige Kühe

III
Beulenspiegel lässt das Gemolkene zu Trockenmilch verarbeiten

IV
Das Milchpulver streckt er mit Mehl

V
Die Mixtur verkauft er als Alm-Milcho-Morphin

VI
Natural Stuff
vollbio
destilliert nach Reinheitsgebot
laut Zertifikat vom Institut Beulsenius

VII
Es ersetzt die Beichte
behauptet Beule
denn wer das nimmt
bleibt ohne Sünd

Beulenspiegel beim Ziegen melken

I
Er stutzt den Böcken die Bärte
und lackiert den Zicken die Zehennnägel
Hübsch solln sie aussehn
beim Melken!

II
Wie malerisch!
Hundertgräser und Tausendfüßler
Eidechsen auf der Balz
und zum Melken angetretene Zicklein

III
Es spritzt
und schmatzt
die Sonne grient
ein Knösplein platzt
die Wiese bient

IV
Idylle pur!
Die Hutschnur nur
ist Beulenspiegel verrutscht
Das hübsche Panoramabild – futsch!

V
Da lacht die Ziege
da grinst der Bock
über Beulenspiegel
den Underdog

VI
Die Zicken stur
der Stutzbart weht
des Hutes Schnur
der Südwind hebt

VII
Beulenspiegel
ist nicht wie angenommen Underdog
sondern Oberbock

Beulenspiegels langer Marsch durch die Institutionen

Eine Verwechslungskomödie

I
Beulenspiegel mit Springerstiefeln, Wanderstab und
Knickebockerhosen ist unterwegs
Fettstullen in der Büchse
Pfefferminztee in der Thermoskanne

II
Der lange Marsch durch die Institutionen
beginnt im Kanzleramt
wo er nicht lange verweilt

III
In Stadt und Land ist Beulenspiegel stets eine willkommene
Abwechslung

IV
Der Marsch ist eine unterhaltsame Sache
Alle singen Lieder & selfieren Selfies

Beim Bund
bläst er einen Marsch auf dem Kamm
und die Herrn Offiziere
stehn stramm

V
In alle Gästebücher hat er sich
eingetragen, man hat ihm doctores honorum causa
verliehen und seine Medaillenbrust
ist schwer beladen

VI
Jetzt, sagt sich Beulenspiegel, sind alle Institutionen
durchlaufen. Was hab' ich davon?
Mein Frühstück ist aufgegessen
ich bin durstig und müde

VII
Er gibt seinen Wanderstab weiter an
Hänschen-Klein

Beulenspiegel als Wandervogel

1
Mit Klampfe, Papiertaschentüchern
und langer Unterhose geht Beulenspiegel auf große Fahrt

2
Während er wandert
vögelt er
und während er vögelt
wandert er

3
Beulenspiegel springt über den Bosporus
verbrennt sich als Feuerschlucker seinen Oberlippenbart
und ernährt sich in China von Ragout à la Bordsteinkante

4
In Sibirien pokert er
mit Eisbären
und überwintert
bei Schneewölfen

5
In Königsberg, endlich
entdeckt er sie, die
Blaue Blume
Im Sand wächst sie
ohne Nährstoffe
übersteht Stürme
und keiner der zahl
losen Gäste hat
sie zertreten

6
Eine Möwe im Sturzflug
schnappt sie
ihm weg und krächzt:
Was ich angesät habe
werd ich auch ernten!

7
Sicher auch
nur ein Vogel
auf Wander
schaft schreibt
Beulen
spiegel
in seinen Erleb
nisbericht
auf ein Papier
taschentuch

Beulenspiegel auf Weltreise

1
Ach, ist die Welt heute wieder schön
ruft Beulenspiegel entzückt
als er die Straße betritt

2
Es regnet in Strömen
blitzt
stürmt
und einige Hagelkörner prasseln ihm gegen die Stirn

3
Hätte ich nur meine Gewitterspritze
dabei denkt er da schlägt
ein Blitz neben ihm
ein

4
Der Regen trommelt im Rhythmus seiner Schritte
auf die Kirschblätter
als wäre er der Regen
Natürlich sagt es sich ihm:
ich bin der Regen! Mehr!
Weniger nicht!

Alles hat sein Gutes
denkt er und die Sonne sticht
durch die Wolken

5
Er beobachtet zwei Sperlinge
beim Ehestreit eine Gruppe Bauarbeiterwaldameisen
beim Ausbessern eines Schlaglochs
eine Wanderratte ohne Jacke und Rucksack
und hört, wie einem Maulwurf
der Bart wächst. Die Wanderratte kehrt heim
und flucht: So 'ne Hitze heute!

6
Beulenspiegel steht staunend
vor seiner Tür: Ach war die Welt
heut' wieder klein

7
Ob mit oder ohne
Schirm oder Regen
trocken bin ich eh
nicht auch nicht
hinter den Ohren

Beulenspiegel als Präsident

I
Das Weiße Haus ist weiß
weil ER eine weiße Weste hat

II
Hätte ER eine schwarze
wäre es schwarz

III
Also ist es schwarz

IV
Sagt ER
einem Comic entsprungen

V
Warum soll eine Kunstfigur
nicht Präsident werden
wenn Schauspieler es waren

V
Und Druiden es werden
vielleicht auch mal ein Krokodil

VI
oder ein Indianer?

VII
Letzteres unwahrscheinlich
sagt Beulenspiegel

Beulenspiegel als Rennfahrer

I
Beulenspiegel rennt
bevor er fährt
und die Sohle
unterm Gaspedal klemmt

II
Kritiker
nennen ihn Pennfahrer

Buddhisten sagen:
ZEN-Fahrer

Hähne kikerikieren:
Hennfahrer

III
Beulenspiegel pennt nicht
er ZENt nicht
und er hennt nicht

IV
Er rennt übers Meer
Er fährt über Wolken
Kreuzt und quert
So kann niemand folgen

V
Am motorisierten Wesen
ist er genesen

VI
Seine Kerzen zünden
selbst einem Blinden
ein Lichtlein an

VII
Ja, Beulenspiegel
tut, was er kann

Beulenspiegel als Hauptkommissar

I
Die neben ihm stehen, sind alles nur
Nebenkommissare

II
Beulenspiegel ist bemüht, die Aufklärungs
quote zu senken
ein
stellig
bis
null
komma
nichts

III
Dafür besetzt er Dutzende Rollen
in Tatortserien, denn
dort wird aufgeklärt

IV
Wie findet Beulenspiegel die Täter?
Fragen die Fans

V
Er hat Visionen, sagen Realisten
Er kombiniert, meinen Phantastiker

VI
Er bezahlt Informanten, informieren Informatiker
Er kennt Konfirmanden, glauben Nonkonformisten

VII
Nichts davon stimmt
Beulenspiegel hat das Drehbuch gelesen

Beulenspiegel als Rikschafahrer

I
Beulenspiegel fährt prinzipiell rückwärts
in Einbahnstraßen hinein
um mit Unschuldsmiene vorwärts
herauszurollen

II
Er nennt das Hin- und Rückspiel

III
Sonderfahrgästen bietet er
Balkonplätze an
in der fünften Etage
für den achtfachen Preis

IV
Ampeln ignoriert Beulenspiegel nur
wenn sie auf Rot stehen

V
Nicht die Rikscha quietscht
es sind seine Kniegelenke

VI
Seine Rückspiegel
zieren so viele Beulen
wie Beulenspiegel
Sommersprossen zählt

VII
auf den Wangen der hübschen
Fahrgästinnen

Beulenspiegel als Bücherwurm

I
Als Wurm im Buch
mehrere unfreiwillige Umzüge
durch Antiquariatsverkäufe

II
Hin- und hergeworfen, gepresst, stündliche
Schwindelattacken, ausgetrocknet fast
in luftlosen Briefkuverts
im UPS

III
Neue Leser, neue Tabaksorten
Einmal wurde er im Keller
sogar im Kühlschrank gelagert
Es gibt nichts, was es nicht gibt, es sei denn, es ist noch nichts
drüber geschrieben

IV
Seit Wochen
ist Beulenspiegel gekrochen
bis Seite vierundvierzig
Schwer lesbarer Stoff
das Papier vergilbt und der Druck
im giftigen Bleisatz

V
Weltliteratur eben nicht. Lyrik
unverdaulich. Darmverknotet
windet sich Beule vorwärts
von Jambe zur Trochäus

VI
Ausgelesen geht's weiter
Vielleicht mal ein Krimi oder
das Telefonbuch

VII
Ach, wär das schön! Lange schon hat er keine
Zahlenkolonnen mehr auswendig gelernt

Beulenspiegel als Praktikant in einem Großverlag

I
Der Verlag ist so groß
dass Beulenspiegel
von der Stechuhr
bis zum Arbeitsplatz
vier Stunden unterwegs ist

II
Und vier Stunden
um wieder auf die Straße zu kommen

III
In den fünf Zwischenminuten
seiner täglichen Überstundenzeit
liest er eingesandte Manuskripte

IV
Beule bevorzugt Kochbücher

V
Der Rest landet, wo er hingehört:
Im Löwenmaul

VI
des Reißwolfs

VII
Ihm ist dabei nicht ganz wohl
da die Reißwolfmaschine
solch Literatur mit Leichenbittermine
verdaut und der Verlag
in der Tat
Schöngeistiges, anstatt
Darminhaltsstoffe im Sinne hat

Beulenspiegel als Lyriker

I
Er hängt sich die Drehleier um
und leiert beim Drehen
Daher wird der Vers
unregelmäßig

II
Er nennt das
postmoderne Poesie

III
Er leimt
den Reim
auf den Stein
und trinkt den Wein
ganz allein

IV
Reimverlassen
Wein in Tassen
leimverklebt
steinbewegt
mit Hüpfebein
im Sonnenschein

V
Die Bleistiftspitze ist angesägt

VI
So fließen die Verse
holprig wie Merse
burger Zaubersprüche

VII
Weil er leiert beim Drehen

Beulenspiegel als Stipendienritter

I
Mit Rüstung und Feder
auf der Lanze
reitet der edle Ritter
hoch zu Ross
ein ins Schloss

II
Im Saal bei den Schönen
lässt er sich verwöhnen

III
Beim Lanzenstechen
will er sich messen

IV
Verliert er, wird aus dem Stipendienritter
ein Stipendien-Erbitter

V
Die Feder ist gut gespitzt
hat schon viel Kanzonen geritzt

VI
Edle Formen, edle Themen
Er muss sich keines Reimes schämen

VII
Nur sein Horn ist arg zu sehn
Naja, er weiß: Auch Beulen sind schön

Beulenspiegel als Bleistiftspitzer

I
Stumpf zu spitz
ist der ganze Witz

II
Mehr gibt es nicht zu vermelden

III
Meist liegt er
in der Schublade
Das Stiftloch leer
So ein Leben ist fade

IV
Wer interessiert sich
für den Bleistiftanspitzer?
Naja, für Pistolen schon oder flinke Flitzer!
Beule ist einfach unwichtig

V
Er kann sich nicht drehen
nicht flehen und wenden
Er kann nichts sehen
und er kann nicht verenden

VI
Ein langes Leben ist kein gutes Leben
ohne Zielen zuzustreben

VII
Könnte er weinen
würde er rosten
nutzlos werden
und glücklich sterben

Beulenspiegels Anleitung für HeimatdichterInnen

In neun Büchern

Buch 1
Nehmen sie sich keine großen Themen wie Liebe und Abschied vor, sondern bleiben Sie in der Küche oder in der Werkstatt, vielleicht besingen Sie ihre Bürgermeisterin oder jemand anderen aus der derzeitigen Hackordnung

Buch 2
Verwenden Sie keine elegischen Verse, sondern lassen Sie es ordentlich holpern! Benutzen Sie nie ein Versmaß, sondern machen Sie es wie Brecht, wenn er keine Lust hatte. Denken Sie dran: Allein Ihr Name hat sie bisher bekannt gemacht – ohne jede Kunstkenntnis.

Buch 3
Schreiben Sie keinen Verlag an, sondern nehmen Sie es selbst in die Hand. Druckkostenzuschussverlage bringen Ihre Nachfahren noch nach Generationen an den Bettelstab!

Buch 4
Reimen Sie, was das Zeug hält! Reimen beweist, dass sie dichten können. Ohne Reim versteht das in Ihrer Umgebung sowieso keiner!

Buch 5
Treten Sie nie einem Schriftstellerverband oder auch nur so etwas ähnlichem bei! Dort treffen sich eitle Zeitgenossen, die es ernst meinen mit der Kunst. Sie wollen gefallen!

Buch 6
Benutzen Sie Dialekt. Gibt es keinen Dialekt in Ihrer Gegend oder
ist er ausgestorben, erfinden Sie ihn. Man hat dann den Eindruck,
Sie wüssten etwas mehr als der Rest der Heimatler.

Buch 7
Gehn Sie ran ans Konkrete, auch wenn DDR-Konkret heute in-
zwischen verpönt ist. Man hat es längst vergessen. Besingen Sie die
Kirche, den Teich, den Markt, den Grafen von Allzudunnemals. Das
verleiht Ihnen Tiefe im Verständnis der Heimatgeschichte.

Buch 8
Behaupten Sie, Sie stünden im Briefwechsel mit dem französischen
und amerikanischen Präsidenten, noch besser, mit der Frau des
Präsidenten und dem Papst persönlich, noch besser: mit der Frau des
Papstes.

Buch 9
Tun Sie nicht so, als ob Sie noch alle Tassen im Schrank hätten!
Das nimmt Ihnen sowieso keiner ab. Behaupten Sie, Sie wären eine
Schneeflocke oder ein Regenwurm. Das bringt Sie näher an Ihre
neuapostolisch-postmodernistischen Kollegen heran, als Sie denken.

31.01.27

Beulenspiegel im Schriftstellerverband

I
Seitdem Beulenspiegel Mitglied
des Schriftstellerverbandes ist
leidet er unter einer Schreibhemmung

II
Er hat viel Zeit
kandidiert für den Vorstand

III
und bewirkt mittels lückenloser
Argumentationsketten den Ausschluss
aller Mitglieder ohne Schreibhemmung

IV
Beulenspiegel wird
Vorsitzender
da er als Einziger verbleibt

V
Seitdem betreibt er
die Selbstauflösung der Institution

VI
Aber dazu müßte er etwas
verfassen

VII
Einen Auflösungsantrag
zum Beispiel
den er sich vorlegt
und höchstpersönlich
unterschreibt

Beulenspiegel als Diktator

I
Beulenspiegel diktiert seiner Sekretärin einen Brief

II
Beulenspiegel diktiert seiner Schulklasse ein Diktat

III
Beulenspiegel tyrannisiert seine Untergebenen mit den richtigen
Rechtschreibregeln

IV
Beulenspiegel hält sein Wahlversprechen
ein guter Diktator zu sein

V
Beulenspiegel ist Führer
mit den meisten
orthografischen Fehlern
in seinen Dekreten

VI
Beulenspiegel ist Anführer
eines Hochverratsprozesses
wegen Verführung Unmündiger

Er formuliert die Anklage
verteidigt den Delinquenten
und spricht das Urteil:
Zuchthaus, lebenslang. Für Beulenspiegel

VII
Danach begnadigt
Beulenspiegel
Beulenspiegel
und ruft ihn
zum Alleinherrscher
der allein sich Beherrschenden aus

Beulenspiegel in Weißrußland

1
Beulenspiegel durchschreitet Minsk –
das schneeweiße Tor
zum Kommunismus

2
Von der Karl-Marx-Straße biegt er ein
in den Lenin-Prospekt überquert
die Allee des Komsomol
und Dzierzinski begrüßt ihn
von seinem Sockel

3
Beulenspiegel trifft
einen Graujackenoberst
zwei Stadtstreifen in Blau
einen bleichen Grenzer in Streifenmontur
drei Schwarzhosenwachtmeister
und zwölf Nationalgardisten in Purpur

4
Alle Zivilisten
schreibt die *Djetskaja Prawda**
sind derzeit im Urlaub

5
Doppelagenten, hier?
belauscht Beulenspiegel
zwei Grünknilche
im *Uniwermag***
Willste was werden, machstes
im Sixpack

---

* *Djetskaja Prawda* (wörtlich „Kindliche Wahrheit"): Parodie auf die *Prawda*,
das ehemalige Zentralorgan der KPdSU
** *Uniwermag: Universalny Magazin*, sowjetische Großkaufhauskette

6
Beulenspiegel hat
über den Präsidenten
des weißen Russlandes
noch nie
einen Witz
gemacht
nicht mal
einen gedacht

7
Hoffentlich wird er sich wieder wählen
damit Weißrußland
so weiß bleibt
wie es ist

Beulenspiegel in Afghanistan

I
Mit Knieschützern, Tränengasgranaten, Küchenmesser und
Schutzanzug kämpft sich
Beulenspiegel einsam durch die Berge

II
Trotz der Funksprüche „Hier robbt Beulenspiegel"
wird er von seinen eigenen Truppen
bombardiert

III
Seinen Mittagsschlaf hält er versehentlich in einem
Mohnfeld

IV
Beulenspiegel hat eine Vision: Arabische Frauen tanzen
um ihn herum, werfen die Schleier ab
und noch einiges mehr
schwingen die Hüften
und Beulenspiegel weiß gar nicht, wie ihm geschieht

V
Als er aufwacht, ist er gefesselt

VI
Männer mit Bärten und Kalashnikows sitzen um ihn herum
und schauen sehr böse drein

VII
Dann fangen sie laut und fürchterlich an
zu lachen

Beulenspiegel zur Lage des Euro

I
Beulenspiegels Sparstrumpf verwest
binnen einer Stunde
Daraufhin sagt er
den Verfall des Dollars
voraus

II
Den Sparstrümpfen aller Farmergroßmütter
und Cowboyurenkeltöchter ereilt das gleiche
Schicksal

III
Der Wert des Dollars sinkt gegen Null

IV
Die Sparstrümpfe
mit den nigelnagelneuen Euros
europäischer Landwirtsgroßmütter
verwesen ebenfalls

V
Nie wieder Notgroschen!
ruft Beulenspiegel

VI
und kauft sich einen neuen Sparstrumpf

VII
für Rubel

Beulenspiegel als Kanzler

I
Ein Kanzler, sagt Beulenspiegel
müsse stets auf der Kanzel stehn!

II
Am besten auf einer Lutherkanzel
bitteschön!

III
So steht Beulenspiegel, der Kanzler
auf dem Lutherhochstand

IV
Mit dem übersetzen Buch in der Hand
sagt er alle Staatsreisen ab

V
Es sei denn die Predigerbühne
flöge mit

VI
Warum stünde er, fragt der Flugkapitän
nicht im Cockpit
das ist auch ein hübscher Ansitz

VII
Wenn's so ist, benenn ich mich um
sagt Beulenspiegel, der Kanzelsteher:
in Cockpittist

Beulenspiegel als Zeitzünder

I
Diese Sekunden sind wertvoll!
Und die letzten

II
Auch für den Zünder

III
Beulenspiegel ist aufgeregt

IV
Es gibt keinen zweiten Versuch

V
Beulenspiegel in feinem Tuch
ist zu Besuch
als Nebensatz
beim Sprenghauptsatz
Wirds ein Bruch?
Der Brandgeruch
steigt ihm schon in die Nase

VI
Vor Aufregung platzt ihm die Blase

VII
Jetzt aber geht's los!

Beulenspiegel auf der Himmelsleiter

I
Er war schon fast oben
und kletterte wieder zurück

II
weil ihm schwindelig wurde

III
Aber er will schon mal seh'n, wie 's dort ist
ob man da links- oder rechtsstrahlig pisst

IV
Die Leiter ist lang
und Beule ist bang
doch das Paradies lockt

V
Das hat er sich selbst eingebrockt
Vor Neugier die Nase spitz
Diesmal ist's kein Witz

VI
Denn am Ende der Himmelsleiter
weiß Beule, ist's immer heiter
ohne jegliche Pointe

VII
Da ergriff er die Himmelstangente
und stieg
zum nächsten Gig
als guter Katholik
Richtung cosmique

Beulenspiegel im Nadelöhr

I
Liegt längs
nicht quer

II
Er ist kein Fädchen
kein Rädchen
kein Mädchen

III
Er ist einer der Reichen
die nach sieben Kamelen
das Öhr nicht verfehlen
um das Paradies zu erreichen

IV
Beulenspiegel mit Heiligenschein
au fein!

V
Nur die Beule
passt nicht mit aufs Frömmlerbild

VI
Und ebenmäßig ist sein Gesicht
wie auf anderen Triptychen nicht

VII
Denn schwer
war der Gang durchs Nadelöhr

Beulenspiegel als ZEN-Buddhist

I
Gestern spiegeln
heut nur noch beulen

II
Morgen nur trinken
und halb soviel heulen

III
Nicht laufen nur gehn
nicht stieren nur sehn

·IV
Er sucht sein Karma
auf dem Weg ins Nirwana

V
Da geht man als Niemand
mit nichts in der Hand

VI
Und lässt den Rest
auch noch fahren

VII
Auf dem Weg zum Fest
der Vorfahren

Beulenspiegel als Yogi

I
Beulenspiegel verrenkt seine Nase so,
dass er damit sehen
seine Ohren, dass er damit
riechen und seine Augen, dass er damit
hören kann

II
In dieser Stellung verweilt er
dreiundsiebzig Tage

III
Als Beulenspiegel
die Asana* verlassen will
hat er die Ausgangsposition vergessen

IV
Nur Beulenspiegel
beherrscht diese Übung

V
Nach einhundertundsechsundneunzig Wochen gelingt es
Beulenspiegel, mit den Ohren zu sehen, der Nase
zu hören und den Augen zu riechen

VI
Nach 642 Jahren
beginnt Beulenspiegel
mit den Händen zu laufen
und mit den Füßen Messer und
Gabel zu halten

VII
Nach weiteren zwei Jahrtausenden ist er
mit dieser Konstellation
zufrieden

* *Asana*: Yogaübung

Beulenspiegel als Hostienbäcker

I
Auch einen Hostienbäcker
kann man
so Gott will
heilig sprechen

II
Das ist doch kein Verbrechen

III
Auch wenn seine Oblaten dünner sind als der Fingernagel
eines Engels
und ihr Rand spitzer als eine Schusternadel

IV
Der Teig wässriger als Limonade
Es schmeckt? Es schmeckt nicht. Nicht einmal fade!

V
Vielleicht
Vielleicht auch nicht
Wir genießen am besten den Verzicht
Also lassen wir den Teig und die Form

VI
Und gehen mit dem Leib nicht konform
Wir stell'n ihn uns vor
Man muss ihn nicht essen

VII
Ja, dem Hostienbäcker
(er backt ja so lecker unlecker)
ihm liegen sie nicht, die Askesen

Beulenspiegel im Geschenkkarton

I
Wer rappelt da?
Wer zappelt da?
Wer hält nicht still?
Oder ist's Kalkül?

II
Das Paket wird von einem
ins andere Auto geschmissen
Der da zappelt will weinen
doch er wartet noch, bis er aufgerissen

III
Es dauert
Noch sind sie beim Spiel der Krippen
Beulenspiegel, ausgeschauert
über jede Gefahr, die lauert
und jeden Flecken, der sich blauert
möchte nichts als 'n Klaren kippen

IV
Jetzt sind sie beim Grätenspellen
Bevor sich die Gesichtlein erhellen
und sich etwas in der Sache bewegt
wird er unsanft abgelegt

V
Beulenspiegel macht
heut keine Faxen
Ihm sind sieben neue
Beulen gewachsen

VI
Oja! Au fein! Die Freud ist groß!
Solch Beulengeschenk ist famos!

VII
Und viel besser, sagt Urgroßmutter Fritzsch
als der übliche Weihnachtskitsch!

Beulenspiegel im Winterschlaf

I
Graf Koks in der Höhle
müdegefeiert, nun Nüchterungszelle

II
Einen Winter lang keinen Schluck Bier
Nur Schnarchen. Kein Gang vor die Tür

III
Nicht Pinkeln. Nicht Fressen
Immer mal einnässen

IV
Das Herz auf Halbschlag
Keine Nacht. Kein Tag

V
Tausend Träume
Tausend Räume

VI
Schlaf auf wach ein
ohne Nase- und Zähneputzen

VII
Nur den Bart könnte er sich
öfter mal stutzen

Beulenspiegel als Hufeisennase

I
Vampir wollte er schon immer mal sein

II
Er nistet unter der Waldschlösschenbrücke

III
Und schwängert die Weibchen

IV
Viel Kind
viel Ehr

V
Viel Enkel
keine neue Brücke

VI
Viel Urenkel
kein Weltkulturerbetitel
für die Brückenstadt

VII
Ja, die kleine Hufeisennase
hat sich ziemlich vermehrt

Beulenspiegel als Spermium

I
Spermium ist besser als Darmbakterium

II
Beulenspiegel
allen voran
singt
Bachs Kantate
von der Unfruchtbarkeit
die keiner kennt

III
Den andern
gefriert das Blut
in den Adern
und das Erbgut
beginnt mit seiner Mission
zu hadern

IV
Beulenspiegel
wischt sich von der Stirn
den Schweiß
Er weiß
er darf sich nicht verirrn

V
Keine Pust mehr!
Keine Lust mehr!

VI
Doch die andern
vom Eis-Schock genesen
sind ihm arg auf den Fersen
gewesen

VII
Da sticht er
mit seiner Spitzbeule ein
und ruft:
Das Ei ist mein!

Epilog:
Und die andern?
Was tun?
Die Loser
die Schmuser
die Schussel
die Dussel
wandern
herbei
und umarmen hilflos das Ei

Das ist jetzt spermien-immun

Beulenspiegel als Milchmann

I
Nun ist er achtzig
und seit sechzig Jahren sterilisiert

II
Auch wenn er mit The First Cow Of The Crowd
ein Verhältnis hatte
war er doch erster Staatsfeind
des herdenbefruchtenden Stieres

III
Stellen Sie sich vor
er wäre der Biermann:
Keiner tränke mehr Bier

IV
Schal oder sauer
es schmeckt nicht
Bauer oder Brauer –
er deckt nicht

V
Erst hatte er Kreide gefressen
Dann spuckte er sie wieder aus
und röhrt wie ein brünstiger Stier

VI
zur Klampfe

VII
Mann, hat der Mumm!

Beulenspiegel, schwerelos

I
Schwerelos
ist ein schweres Los

II
Beulenspiegel, Leichtgewicht
ist nun ein Leichtestgewicht

III
Genauer:
ein Nichtgewicht

IV
So wie Prosa ein Nichtgedicht
und Kür eine Nichtpflicht ist

V
Ohne Adlerschwingen
macht er große Sprünge

VI
Doch Beulen
ihm ist zum Heulen
denkt er verstohlen
wie kann ich mir die holen?

VII
Schwerelos
welch schweres Los!
Was mach ich bloß?

Beulenspiegel hat Geburtstag

für Volker

I
Beulenspiegel lädt keine Gäste ein

II
Beulenspiegel setzt sich in ein Zugabteil erster Klasse
wo ihn keiner vermutet

III
Beulenspiegel macht eine DDR-Rundreise
Nach drei Stunden ist er wieder am Ausgangsort

IV
Beulenspiegel trifft Eulenspiegel aber
sie erkennen einander nicht

V
Beulenspiegel erinnert sich, dass Eulenspiegel heute ebenfalls
Geburtstag hat und sucht ihn auf. Eulenspiegel desgleichen

VI
Als sie nach Hause kommen, finden sie jeweils eine Nachricht
des anderen vor

VII
Eulenspiegel schenkt Beulenspiegel folgendes Lied:

als ich drei jahr alt war
war ich der narr vom zar

als ich vier lenze zählt
hatte der zar kein geld

als ich zur schule kam
wurde der lehrer krank

ich ging zum studium
ei, machte mich das dumm
dann war die sorge groß
denn ich war arbeitslos

dann war die sorge klein:
ich stellt mich selber ein

nun zähl ich tausendneun
tu mich des lebens freun

so sprach der eulennarr
der mal beim zar narr war

Beulenspiegel
als Stimmlippenknötchen

I
Stimmlippenknötchen treten paarweise auf

II
Hat Beulenspiegel einen Zwilling?
Muss er sich teilen in Linksbeulenspiegel und Rechtsbeulenspiegel?
Ist er ein Zwitter oder gar schizophren?

III
Und: Wer wird ihn operieren?

IV
Ist die Operation gelungen?

V
Was aber wird aus Beulenspiegel
dem Wegoperierten?

VI
Unter dem Mikroskop beobachtet der Histolog' höchstamüsiert
wie Linksbeulenspiegel mit Rechtsbeulenspiegel kopuliert
die Verwandlung des Zwillings in einen Willing
des Zwitters in einen Widder
und der Schizophrenie in Monogamie

VII
Vier Wochen Stimmruhe
und gewienerte Schuhe
verordnet der Chirurg
der Diva expressiva
die gern brilliert
mit hoher Konst
sonst, glauben Sie mir
war das hier
alles umsonst

Dieter Kalka, *1957 im Jahr des Sputniks, aufgewachsen auf der Grenze von Thüringen und Sachsen, übt seit 40 Jahren Seilhüpfen als Liedermacher, Schriftsteller und Logopäde, neuerdings auch als Rundfunkproduzent bei der *Allgäuer Milchschleuder – Poesie&FeatureFunk*.
Er lebt in Leipzig & Monster's Town.

Die ersten Beulenspiegeliaden entstanden Mitte der 80er Jahre des letzten Jahrhunderts im letzten Jahrtausend, also im zweiten, wenn richtig gezählt wurde, was wir doch hoffen.